AF436059

ERNESTO MOAMBA

LÌBERATI, MADRE AFRICA

◆

poesie

EDIZIONI WE

Titolo originale: Liberta-te, Mãe África

Traduzione e adattamento di Simona Adivíncula
s.adivincula@libero.it

Contatto
E-mail: ernestoantonio427@gmail.com

ISBN 979-12-5497-038-6

©2018 Ernesto Moamba
©2022 Edizioni WE di Nicola Bergamaschi
Via Paulli 10/A – 26015 – Soresina (CR)

www.clickpertutti.com
www.edizioniwe.com
www.facebook.com/edizioniwe
www.instagram.com/edizioniwe
info@edizioniwe.com

PREFAZIONE
di Cicero G. de Sena Neto*

Le poesie dell'acclamato scrittore mozambicano **Ernesto Moamba,** il cui tema è la Madre Terra dell'umanità, sono, da un lato, lamento e dall'altro, esaltazione, impregnate di commovente lirismo.

È impossibile starne lontani.

Intellettuale impegnato a fornire un destino migliore per la sua nazione, canta i dolori del suo popolo in un modo commovente che solo i poeti hanno la sensibilità di sentire ed esprimere.

Il suo grido, impregnato di emozione, ci porta in un universo che trascende il suo nativo Mozambico per abbracciare il continente africano, echeggiando in tutto il mondo con una travolgente forza tellurica.

Lucido, trasforma la sua poesia in un canto di denuncia, senza perdere la tenerezza e la passione che ha per l'Africa sofferente. Chi canta il suo villaggio canterà il mondo, diceva Tolstoj.
E Moamba lo fa divinamente

La sua poesia senza tempo e universale ci ricorda Vate Castro Alves che cantò il dolore dei prigionieri africani nel nefasto periodo della schiavitù in Brasile.

Sono certo che il lettore italiano, il cui paese ci ha lasciato in eredità il Rinascimento, che ha trasformato l'universo delle arti e ha influenzato per sempre il mondo occidentale, sarà estasiato dalla poesia di Ernesto Moamba, così come il lettore brasiliano con legami ancestrali con la Madre Africa.

Cicero G. de Sena Neto.

* Imprenditore e scrittore.
 Membro di ALB
 Academia de Letras de Porto Seguro e Bahia.

PREFÁCIO
Por Cicero G. de Sena Neto*

Os poemas do aclamado escritor moçambicano, **Ernesto Moamba** tendo como temática a Terra Mater da humanidade são de um lado lamento e do outro exaltação, impregnados de comovente lirismo.

É impossível ficar alheio.

Intelectual engajado em propiciar um melhor destino para sua nação, canta as dores do seu povo de forma pungente que somente os poetas têm sensibilidade para sentir e expressar.

Seu pungente lamento impregnado de emoção nos remete a um universo que transcende sua Moçambique natal para abarcar o continente africano em uma força telúrica avassaladora.

Lúcido, transforma sua poesia em um canto de denúncia, sem perder a ternura e a paixão que tem pela sofrida África. Quem canta sua aldeia cantará o mundo, já dizia Tolstoi.
E Moamba o faz divinamente

Sua poesia atemporal e universal, nos lembra vate Castro Alves que cantou as dores dos cativos africanos no nefasto período da escravidão no Brasil.

Estou certo de que o leitor italiano, cujo país nos legou a Renascença, que transformou o universo das artes e influenciou para sempre o mundo Ocidental, irá se extasiar com a poesia de Ernesto Moamba, assim como o leitor brasileiro de ancestral laços com a Mãe África.

Cicero G. de Sena Neto.

* Empreendedor e escritor.
  Membro da ALB
  Academia de Letras de Porto Seguro e Bahia.

LÌBERATI, MADRE AFRICA!

POESIA

LIBERTA-TE, MÃE ÁFRICA

Poesia

A mia MADRE AFRICA,
a tutti gli africani e, in particolare,
a quelli del Mozambico.

À MINHA *MÃE ÁFRICA*
E A TODOS OS AFRICANOS, ESPECIALMENTE
AOS DE MOÇAMBIQUE.

LE IMPRONTE SULLA CORSA DEL VENTO

Tu dormi mia vergine Africa!
Dormi più a lungo di una pietra statica.
Fino a quando non ti svegli
Il tuo mondo appassisce.
Alzati dal silenzio
E brama il mio prezioso corpo.

Oh madre Africa misteriosa,
Vestita del profumo dell'oro
E minerale,
Come fai a vagare nell'alto della solitudine?

Mia madre,
Mia regina,
Mia vergine
E idolatrata vanitosa,
Ti vedo a pezzi
Tra le insolite pareti del vaso di terracotta,
Inchinandosi ai piedi di cacana e nhangana;
Delle resine verdi sotto le foglie del
Baobab.

Mia madre,
I tuoi occhi nudi riflettono
Ferite della disperazione
Segni di solitudine,
Sorrisi di omissione,

Governo storico
E morti dalle orbite negli ospedali

Madre,
Ti vedo gridare
Sulle montagne dello Zambesi,
Fiumi e laghi del Nilo.
Mi rammarico dei tuoi taglienti sorrisi
Che oggi ti condannano alla solitudine e alla dispera-
zione

Madre,
Sento lo spezzarsi della tua corda vocale
Piangere l'isteria di una politica
(vecchia e decaduta).
I tuoi figli (in cambio della libertà)
Incantesimi pudici
E debiti accumulati.

Condannati a lavorare
E alla gloria in ritardo.
Ti vedo pentire,
(in ginocchio) scavando fosse.
Sotterrate nell'ombelico del tuo sguardo
Mia madre
Ti sento ridere con la tua zappa di legno
Strappare la terra per una briciola.

Dimmi, madre:
Perché porti cicatrici;
La mia culla del cuore,
Figli giudici condannati senza motivo?
Il tuo sangue, madre,
Irrigare la sabbia nella rugiada mattutina.

Perché tanti misteri?
Guerre per salvare,
E deliri con le armi in muchungwe
Siccità e secchezze sporche.

Mia madre
Il tuo corpo mi porta a dubitare
Di te mia amata
Mamma Africa.

AS PEGADAS NO PASSEIO DO VENTO

Tu dormes minha virgem África!
Dormes mais que uma pedra estática.
Enquanto não despertas
O teu mundo murcha.
Levanta-te do silêncio
E esgravata no meu corpo precioso.

Ó mãe África misteriosa,
Vestida do aroma de ouro
E mineral,
Como vagueias no alto da solidão?

Minha mãe,
Minha rainha,
Minha virgem
E idolatrada vaidosa,
Enxergo-te a lacrimejar
Entre as paredes insólitas da panela de barro,
Curvando-se aos pés da cacana e nhangana;
Das resinas verdes sob as folhas do
Embondeiro.

Minha mãe,
Teus olhos nus reflectem
Feridas de desespero
Marcas de solidão,
Sorrisos de omissão,

Governação histórica
E mortes das orbitas nos hospitais

Mãe,
Enxergo-te clamando
Sobre as montanhas do Zambeze,
Rios e lagos do Nilo.
Lamento seus acutilantes sorrisos
Que hoje te condenam a solidão e desespero

Mãe,
Oiço o romper da sua corda vocal
Chorando a histeria de uma politica
(velha e caiada).
Seus flhos (em troca da liberdade)
Recatando feitiços
E dívidas acumuladas.

Condenados ao trabalho
E à glória atrasada.
Enxergo-te a lamentar,
(de joelhos) cavando túmulos.
Desterradas no umbigo do seu olhar
Minha mãe
Oiço-te a gargalhar com a sua enxada de pau
Rasgando a terra por uma migalha.

Diz-me, mãe:
Porque carregas cicatrizes;
Meu berço coração,
Filhos magistrados condenados sem razão?
Seu sangue, mãe,
Irrigando areia no orvalho da manha.

Porque tantos mistérios?
Guerras no save,
E delírios das armas em muchungwe
Estiagem e secas imundos.

Minha mãe
Seu corpo põe-me a duvidar
De ti, minha amada
Mama África.

LE ALI DELLA NAVE MADRE

Madre
Vagare tra
I vuoti delle tue labbra.

(labbra ancorate,
di scoppi e stelle)

madre
Costruita nel tempo
E nelle fessure
Della schiavitù.

Ecco il tuo corpo nero,
Così bello
E bella come la luna,
Sulla miniera di carbone.

La tua forza è destinata alla
Prigione eterna; I tuoi lamenti
Sono già stati più di una canzone.

Difensore di guerre e
Battaglie, liberati da questa insonnia perché,
Mi sono stancato di vederti in grembo,
Affamata di briciole,
Assetata di libertà

A ENVERGADURA DA NAVE MÃE

Mãe
Vagueio entre
Os vácuos dos seus lábios.

(lábios ancorados,
de estrondos e astros)

Madre
Erguida no tempo
E nas fendas
Da escravidão.

Eis seu corpo negro,
Tão formosa
E linda como a lua,
Sobre a mina de carvão.

Sua força condenada a
Prisão perpétua; Seus lamentos
já foram mais que uma canção.

Defensora das guerras e
Batalhas, liberta-te desta insónia pois,
Fartei-me de enxergar-te pelo colo,
Faminta de migalhas,
Sedenta por liberte.

LACRIME SPORCHE

Si assorbono pianti
Nella rugiada delle mie;
Vene
Sepolto nelle mie
Pupille
Morte ai miei occhi
Si assorbono dolori
Persi all'alba del giorno,
Porto il nero
Senza traccia di bianco.

LÁGRIMAS IMUNDAS

Sugam-se choros
No orvalho das minhas;
Veias
Sepultadas em minhas
Pupilas
Mortas em meus olhos
Sugam-se dores
Perdidas no amanhecer do dia,
Carrego o preto,
Sem vestígio de branco.

I TUOI OCCHI NERI

I tuoi occhi colorati
Sono migliaia di migliaia di pianti,
Gravidi di ricordi della schiavitù
Dei figli giudici condannati senza motivo.
I tuoi occhi
Sono i più antichi,
Che piangono fiumi di lacrime
Dove dentro a navi e ntururos (vecchia barca)
Il povero schiavizzato si imbarca.
Sono colpi e spade sollevate
Che vagano nel grembo di Mamanas e
Mulhezanas,
Incatenate da fili e capulane
Sono i più amati,
Vestite di passione dall'oscurità
Sono rosse, come i semi di pisello,
Che dentro borse
Portiamo fino ai villaggi
Per riempire i nostri stomaci.
Affamati,
I tuoi occhi neri
Sono i miei semi.

TEUS OLHOS NEGROS

Teus olhos coloridos,
São milenárias de mil choros,
Grávidas de lembranças da escravidão
Dos filhos magistrados condenados sem razão.
Teus olhos
São os mais velhos,
Que clamam rios de lágrimas
Por onde em navios e *ntururos (barco antigo)*
O pobre escravizado embarca.
São estrondos e alçadas espadas
Que vagueiam peles ventres das Mamanas e
Mulhezanas,
Acorrentadas de fios e capulanas
São os mais amados,
Vestidos de paixão da negritude
São vermelhas, como as sementes da ervilheira,
Que em sacos
Levamos ate as aldeias
Para enfartarmos os nossos estômagos.
Famintos,
Teus olhos negros
São as minhas sementes.

LA MAPPA DEL DOLORE

Con il corpo d'oro e minerale
Mia madre
(così vecchia e anziana)
Sopra me si spargono i tuoi profumi
Annusando la polvere dei corpi
(nelle curve nere del tuo corpo)
Che non potrò mai ripudiare
(la sede dei tuoi sorrisi sciolti)
Scivolando tra i tuoi capelli spettinati.

(la miseria dei bambini
riposa nei loro stomaci
raggrinziti)

O MAPA DA DOR

Com corpo de ouro e mineral
Minha mãe
(tão velha e tão idosa)
Sobre mim espalha seus perfumes
Cheirando a poeira dos corpos
(nas negras curvas do seu corpo)
Que jamais consigo repudiar
(a sede dos seus sorrisos soltos)
Escorregando em seus cabelos despenteadas.

(a miséria nos miúdos
adormece em seus estômagos
amarfanhadas)

TERRE SILENZIOSE

Sono un abitante di queste terre silenziose
Abitante della periferia di Polana,
Dai canneti ricoperti di capulane.

Sono quella *txova* stanca
Che al mattino porta sulle spalle, *swidjumbas*
Da *cacana* e *nhangana*
I miei occhi portano il massacro
Ragazze nere, amareggiate dalla polvere da sparo.

Dimenticare lo xigubo, la libertà di un popolo
I karingana il ritratto del passato, del
Cocuanas che incatenano i miei occhi
Con gli swithocozelos intorno al fuoco.

Sono un residente di queste terre silenziose,
Nutrendo antiadas senza rispetto
Chi porta odio nel petto.

Sono erede della sventura, dei
Figli che decimano la mia razza
Lo sguardo vuoto di un ragazzo di strada.

TERRAS SILENCIOSAS

Sou morador dessas terras silenciosas
Habitante dos subúrbios da Polana, das
Casas de caniço cobertas de capulanas.

Sou a tal *txova* cansada
Que nas manhas carrega em seus ombros, *swidjumbas*
De *cacana* e *nhangana*
Os meus olhos vestem a chacina
Negras meninas, amarguradas pela pólvora.

Esquecer do *xigubo*, a liberdade de um povo
As karinganas o retrato da outrora, dos
Cocuanas acorrentando o olhos meus
Com os *swithocozelos* a volta da fogueira.

Sou morador dessas terras silenciosas,
Alimentando antiadas sem respeito
Que carrega ódio no peito.

Sou herdeiro da desgraça, dos
Filhos que dizimam a minha raça
O olhar apagado de um menino da rua.

IL XIQUENTO

Sul mio stomaco piegato in due
Si intravede il freddo xiquento, della cacana,
E mattina presto,
Che gocciola dalla bocca fino ai miei
 capelli.

Bianca e vecchia come cenere di carbone,
Che riscalda il mio pasto preferito
Ogni volta che il mio stomaco
Geme nel vuoto.

Xiquento mio
Che mi nutre d'inverno
E nelle mattine d'estate.

Xiquento fabbricato con la vecchia pentola
Di argilla
Sotto la legna da ardere, estratta nelle
Paludi
E nelle rubriche del mio silenzioso quartiere.
Che sazia il mio stomaco
Sciolto e affamato.

O XIQUENTO

Sobre o meu estômago amarfanhado
Vislumbra-se xiquento frio, da cacana,
E xima das manhas,
Que da boca goteja até os meus fos
De cabelos.

Brancos e velhos como a cinza do carvão,
Que esquenta a minha preferida refeição
Sempre que o meu estômago
Choraminga no vazio.

Xiquento meu
Que me alimenta no inverno
E nas madrugadas do verão.

Xiquento fabricado com a velha panela
De barro
Sob a fogueira da lenha, extraída nos
Brejos
E nas rubricas do meu silencioso bairro.
Que sacia meu estômago
Solto e faminto.

LA CULLA

Il tuo corpo
È riarso di rughe
E di melanina.

È unico (marrone e nero)
Violentato nelle miniere di carbone.
Il tuo corpo
È il più sofferente.

La testa caricatissima di swidjumbs;
Di legna e swimbitana
Gravida di pianto e disperazione,
Il tuo corpo, madre
È antecedente al rifugio
Del mondo.

O BERÇO

Teu corpo
Está ressequido de rugas
E melanina.

É único (castanho e negra)
Violentado nas minas do carvão.
Teu corpo
É o mais sofrido.

A cabeça carregadíssima de swidjumbas;
De lenha e swimbitana
Grávido de choro e desespero,
Teu corpo, mãe
É anterior ao refúgio
Do mundo.

DORMIRE

Tu hai dormito più che abbastanza.
Tu dormi come se fossi un defunto
Disteso con martello e rastrelli.

Tu dormi, dormi più di matekenha,
Che di notte ti provoca purito.

Alzati!
Perché la notte sta fuggendo
E il sole sta rosicchiando
Il tuo corpo di catrame.

SONO

Tu já dormiste mais que o suficiente.
Tu dormes como se fosse um defunto
Alastrado com martelo e ancinhos.

Tu dormes, dormes mais que a matekenha,
Que de noite provoca-te comichão.

Levanta-te!
Pois a noite esta fugindo
E o sol vai roendo
Seu corpo de alcatrão.

CORPO OSCURO

Il tuo corpo nero Africa,
Rivestito da perline d'oro
E d'argento, è come la ruggine della ferrovia,
Dove si muovono le carrozze del
Treno mattutino,
Un sacco di swidjumba
Sopra il corpo della folla.
È così buio come la lontana miniera di carbone,
Dove furono deposte le spoglie mortali
Dei miei antenati.
È come la smerigliatrice in acciaio
Che si rompe.
È come la leva arrugginita
Seppellito il vecchio caduto,
Masticando frustrate e canti di
Parolacce.
Solo io lo amo
E lo tratto come arma.

CORPO SOMBRIO

Teu corpo negro África,
Revestido de missangas de ouro
E prata, é como ferrujo da linha férrea,
Por onde locomovem-se as carruagens no
Comboio da madrugada,
Carregadíssimas de swidjumbas
Sobre o corpo da multidão.
É tão escuro como a longínqua mina de carvão,
Onde foram encavalgados os restos mortais
Dos meus ancestrais.
É como a rebarbadeira de aço
Que quebra-se.
É como a alavanca enferrujada
Sepultado o velho caído,
Mastigando chibatadas e cantos de
Palavrões.
Somente eu o amo
E o tenho como arma.

PRIMI ANNI

Quando i miei occhi
Mendicavano la luce dello xiphefo, nei racconti di
Libertà persa nel tempo;
Nei tempi dell'infanzia
Quando sospendeva i dispiaceri della vita;
Nel Tumbeleluana, xinguere-nguere,
I bambini giocavano a biglie fino all'alba.

Quando cacciavo uccelli per soddisfare la fame
Che agitava il mio stomaco affamato
Nei lunghi caldi pomeriggi dell'estate;

I miei occhi scoppiavano in lacrime
Al vedere gli altri ragazzi puliti
Sprecare il cibo dandolo ai cani randagi.

Io intravedevo la fame
E, insieme ragazze, andavamo nel
Rifugio a giocare a nascondino durante la rugiada del
mattino.
Gocciolando a piedi nudi
Il cielo rideva di me interiormente.

PRIMEIROS ANOS

Quando meus olhos
Mendigavam a luz do xiphefo, nos contos da
Liberdade perdida no tempo;
Nos tempos infantis
Quando pendurava os dissabores da vida;
No tumbeleluana, xinguere-nguere, até
Berlindes ao nascer do dia.

Quando caçava pássaros para matar a fome
Que embrulhava-me o estômago faminto
Nas longas tardes calorosas do verão;

Meus olhos se partiam em choros
Ao enxergar os outros meninos asseados
Desperdiçando comida aos cães vadios.

Eu vislumbrava de fome
Para, com as raparigas, cobrir o teto da
Palhota no *tumbeleluana* sobre o orvalho da
madrugada.
Pingando em meus pés desnudados
O céu ria-me internamente.

NUDO

Provengo dai resti delle
Lacrime.

Sono una vestigia di capulana,
Che insieme alle fruste
È stata sprecata.

Con la lancia il mio corpo
Si è trasformato in fiamme.

Sono quella palla, xingufo vecchio stanco
Vedovo dei sogni rubati.

Sono il silenzio
Che porta nelle tasche
Qualche briciola di vita.

DESPIDO

Sou proveniente dos restos das
Lágrimas.

Sou vestígio de capulana,
Que com os chicotes
Foi desperdiçada.

Com azagaia meu corpo
Foi transformado em chamas.

Sou aquela bola, xingufo velho cansado
Viúvo dos sonhos roubados.

Sou o silêncio
Levando nos bolsos
Uns trocados de vida.

RICORDA, MARIA!

Nostalgia delle vie, delle principesse stupende,
Pure e vergini dagli occhi d'avorio.
Delle notti zittite, silenziose ,
Si sono mantenuti (avvolti in me)
Come le radici delle piante.

Mi ricordo delle ragazze nere,
Comprese le mulatte e le albine
Colorate e vestite di pelle di macello.
Ragazzi di strada, cercando insetti
Tamburi e la dolcezza di xitenda e timbila.

Circondare il falò e con le orecchie
Fare il pieno di racconti popolari
Da nonna Mbondzela.

Vecchi viali,
Incinta da mulatti, bianchi e macuas
Ricordo queste strade
Con lo sguardo triste nelle capanne
Piangere per le piogge.

LEMBRAS-TE, MARIA!

Saudade das esquinas, das lérias princesas,
Puras e virgens dos olhos de marfim.
Das noites caladas, silenciosas,
Guardavam-se (embrulhadas em mim)
Como a nervura das plantas.

Relembro me das negras meninas,
De entre elas mulatas e albinas
Coloradas e vestidas de pele de chacina.
Miúdos das ruas, caçando belinhas
Tambores e a doçura de xitenda e timbila.

Em rodeio da fogueira com os ouvidos a
Entupir-se com os contos folclóricos
De vovó Mbondzela.

Velhas avenidas,
Engravidadas por mulatas, brancos e macuas
Recordo-me dessas ruas
Com o olhar triste nas cabanas
Chorando pelas chuvas.

MARRABENTA IMPRIGIONATA

Marrabenta,
Canti del mio popolo,
Riposato nel silenzio di un tempo;
Dei tempi, delle mukulunguana
Ammorbidite dalle Mamanas,
Trascinato dal vento serpente.

La nostra Marrabenta!
Oggi, con corde e lucchetti,
Sei incatenato.

Le nostre maschere makwaela e xitchuketa
Disfatte,
Vestigia di capulana e thandelas
Risvegliando la nostalgia altrui.

Notti e albe
Strappate dalle catene e dai tamburi;
Il ballo dei ragazzi e ragazze
Che incantano voci tumultuose dei Kokwana
In un falò sulle orme di Marrabenta.

MARRABENTA APRISIONADA

Marrabenta,
Cantigas do meu Povo,
Repousado no silêncio da outrora;
Dos tempos, dos mukulunguanas
Amolecidas das Mamanas,
Arrastado pelo vento serpente.

Nossa Marrabenta!
Hoje, com as cordas e trancas,
És acorrentada.

Nossas máscaras de makwaela e xitchuketa
Desvendadas,
Vestígios de capulana e thandelas
Despertando saudades alheias.

Noites e madrugadas
Rasgadas pelos batuques e tambores;
O dançar dos rapazes e raparigas
Encantando vozes altíssimas dos Kokwanas
Numa fogueira aos passos da Marrabenta.

PRIGIONIERI AFRICANI

Siamo schiavi, sì.
Schiavi dell'Africa, dell'Asia e dell'Europa,
Che beviamo dai corvi sangue
misto,
Che scorre dinanzi nostri occhi.

Siamo schiavi
Invasori di campi
E pastori di mandrie di buoi.
Siamo comunque poveri pescatori.

Ci eleviamo dietro la libertà
Con le mani legate, da reti e ganci
Caricatissimi sulle spalle.

Siamo schiavi sognatori!
Schiavi contadini e agricoltori
Che lottiamo per la libertà del nostro
Popolo.

PRISIONEIROS DA ÁFRICA

Somos escravos, sim.
Escravos da África, da Ásia e da Europa,
Que bebemos aos corvos de sangue
Miscigenado,
Que escorre dos nossos olhos.

Somos escravos
Invasores dos campos
E pastores de manada de bois.
Somos mesmo pobres pescadores.

Erguemos atrás da liberdade
Com as mãos atadas, de redes e anzóis
Carregadíssimos nos ombros.

Somos escravos sonhadores!
Escravos camponeses e agricultores
Que lutamos pela liberdade do nosso
Povo.

MISTERIOSA

Oh mia misteriosa Africa,
Il mio riparo d'incanto,
Mia madre
Irrigata dai segni della schiavitù!
Ecco qui tuo figlio
Che hai rifiutato.

Mia madre,
Violentata sulle montagne d'Egitto,
Oggi, è gravida
Di fame e sete.

I tuoi occhi spargono vermi
E notti dattilografate
Affamate di armonia e desiderio
Dei nostri abbracci e calorosi baci.

Perché continui ancora a russare nell'alto della notte?

MISTERIOSA

Ó minha África misteriosa,
Meu amparo de encanto,
Minha mãe
Irrigada de marcas da escravidão!
Eis aqui seu filho
Que o negaste.

Minha mãe,
Violentada nos montes do Egipto,
Hoje, foi engravidada
Com a fome e a sede.

Teus olhos derramam vermes
E dactilografadas noites
Famintas de harmonia e desejo
Dos nossos abraços e calorosos beijos.

Porquê ainda ressonas ao alto da noite?

SGUARDO OPPRESSO

I tuoi occhi sono tombe senza speranza [nelle guerre].
I tuoi occhi sono gli unici colpevoli, i più belli [e carica-
turali]
Che vedono solamente il tunnel (non la fine)
Di pelle cristallina e minerale.

Altissima e Magnifica Africa
Che dorme, più della sabbia cementata
Nella tomba
Liberati!
La folla sta urlando
Sopra il tuo russare.

OLHAR OPRIMIDA

Teus olhos são túmulos sem esperanças [nas guerras].
Teus olhos são únicos culpados, os mais belos [e
caricatos]
Que somente enxergam o túnel (não o fim)
De pele cristalina e mineral.

Altíssima e magnífica África
Que dorme, mais que a areia cimentada
Na campa
Liberta-te!
A multidão vai rugindo
Sobre teu roncado.

SCHIAVA MARIA

Il tuo corpo ti schiavizza,
Seppur incarnato vedo,
Seppur così fingendo che sia...
Il tuo sguardo di disprezzo,
Seppur si percepisca lontano.
Il tuo corpo vestito di pelle precaria
Galleggiando sopra la sabbia
Addormentata dal mattino.
Il tuo corpo è di migliaia di guerrieri che combattono
Nell'oscurità del nulla; il tuo cammino divino
È come i semi di pisello.
Il tuo corpo puro come la santissima vergine,
Schiavo dei tuoi figli
E dalla mia patria,
Vieni dall'altra parte della città.
I tuoi piedi nudi, ancorati
Sorvolano sopra le acque dell'Atlantico.
La tua nobile africana
Di color marrone e nero.
Questa madre di neri
Carenti in queste terre
Misteriose di Moamba,
Amare per la siccità.

ESCRAVA MARIA

Teu corpo de escrava,
Mesmo encarnado enxergo,
Mesmo tão fingido que è...
Seu olhar de menosprezo,
Mesmo distante vê.
Teu corpo vestido com a pele precária
A aparvalhar-se sobre a areia
Adormecida da manhã.
Teu corpo são milhares de guerreiras batalhando
Na escuridão do nada; seu andar divino
É como sementes da ervilha.
Teu corpo tão puro como a virgem santíssima,
Escrava de teus filhos
E da minha própria pátria,
Vens do outro lado da cidade.
Teus pés nus, ancorados
Rojando-se sobre as águas do Atlântico.
Sua nobre africana
De coloração castanha e preta.
Essa mãe de negros
Carecidos nessas terras
Misteriosas da Moamba,
Amarguradas pelas secas.

VOCE

Se io parlassi
Delle tue lacrime
Nel tuo corpo nudo
Starei dicendo che intravedo
Le tue ciocche di capelli,
Bianche, spettinate.

Mentirei.
Mentirei se paragonassi il tuo corpo
A queste pietre, addormentate
Incessantemente nelle miniere.

Mentirei
Se ti paragonassi a queste ragazze
Proprietarie delle notti e di tutte le albe,
Che rendono il tuo corpo come le corde di una chitarra,
Da sollecitare con le mani.

VOZ

Se eu dissesse
Que as suas lágrimas
Em seu corpo desnudo
Estarias dizendo que vislumbro
Teus fios de cabelo,
Brancos, despenteados.

Mentiria.
Mentiria se comparasse o teu corpo
Com essas pedras, adormecidas
Incessantemente nas minas.

Mentiria
Se comparasse com estas meninas
Donas das noitadas e de todas as madrugadas,
Que fazem do seu corpo como fios de guitarra,
Para com as mãos serem batucadas.

IL MIO TRIBUTO

Sono un pezzo di carta
Spezzato in pezzi di una poesia
Sul corpo glorificato in un'opera
Nei versi di Noémia de Sousa.
Sono quella lavagna stanca
Strappata in sonetti da Luís de Camões.

Gli schiavi siamo noi
Imprigionati nei resti della capulana,
Statue nelle opere del maestro Malangatana.

Sinistro nella periferia di Polana
Con i rami sparsi nei racconti
Contenuto nella voce di Marcelino dos Santos.
Io sono il misterioso nero schiavo
Perso nei racconti di Fatima Langa.

Nera che si sveglia e sogna
Che beve dai corvi di Rui de Noronha
Oh padre e madre triste!
Condannata al vecchio xigubo di José Craveirinha
Io sono l'erbaccia karingana ua karingana
Appassita con le voci oscurate.
Al gusto delle frasi di Mia Couto
Sono l'orgia dei pazzi
Viva Ungulani Baka Khosa!
Viva la letteratura di Jorge Barbosa!

Oh mia misteriosa Africa
Tra i racconti dei Cocuana
Dalla voce illustre di Luís Bernardo Honwana
Viva la letteratura mozambicana!
Viva Paulina Chiziane!

MINHA HOMENAGEM

Sou uma peugada de papel
Despedaçado em pedaços de um poema
Sobre o corpo glorificado numa obra
Em versos de Noémia de Sousa.
Sou a tal cansada lousa
Rasgado em sonetos de Luís de Camões.

Escravos somos nós
Encarcerados nos vestígios de capulana,
Estatuadas nas obras do mestre Malangatana.

Sinistros dos subúrbios da Polana
Com os ramos dispersos nos contos
Compilado na voz do Marcelino dos Santos.
Sou o misterioso negro escravizado
Perdida nos contos da Fátima Langa.

Negra que acorda e sonha
Que bebe aos corvos do Rui de Noronha
Ó pai e triste mãe!
Condenada ao xigubo velho de José Craveirinha
Sou a murcha erva daninha karingana ua karingana
Murcha com as vozes anoitecidas.
No paladar das frases do Mia Couto
Sou a tal orgia dos loucos
Viva Ungulani Baka Khosa!
Viva a literatura de Jorge Barbosa!

Ó minha África misteriosa
Entre os contos dos Cocuanas
Da voz altíssima do Luís Bernardo Honwana
Viva a literatura moçambicana!
Viva a Paulina Chiziane!

ALBERTINA

Lacrime di una madre
Caricatissima di sacchi di mais
Così va... lungo il sentiero sabbioso,
Mia nonna Albertina
Con la zappa alzata di
Molto, ma molto lentamente,
Con sopra le spalle caricatissime di
Swidjumba gigantesche di mais
Che al tuo passo, piccoli granelli
Si riparavano dal tuo povero sacco,
Ma il tempo ha scortato i tuoi passi lenti
E il sole assecondava i raggi
Irradiando l'ombra verso di te
Mentre si sentivano i battiti del tuo cuore
Che parevano persino una festa tra i rami delle mie
Vene.

ALBERTINA

Lágrimas de uma mãe
Carregadíssimo de sacos de milho
Aí vai...pelo areal caminho,
Minha avó Albertina
Com a sua enxada de pau alçado
Bem, mas bem devagarinho
Sobre os ombros carregadíssimos de
Swidjumbas gigantescas de milho
Que ao seu andar, pequenos grãos
Refugiavam se do seu pobre saco,
Mas o tempo escoltava seus passos lentos
E o sol tardia os raios
Irradiando a sombra na sua direcção
Enquanto ouviam-se palmitos do seu coração
Que até parecia gala-gala nos ramos das minhas
Veias.

CONTINENTE

Ti vedo, seppur lontana,
Senza più lacrime, con i capelli biondi,
Bloccata in queste città straniere,
Condannate alla solitudine e all'angoscia.
Madre dei neri, violentata.

Intravedo nei tuoi occhi
Il latinare delle tue lacrime
Sognando ad occhi aperti nel tuo corpo
Mistica di rughe e melanina.

Padre, povero vecchio, dalla pelle di mirra
Come cenere di carbone.
Dalla faccia sputata e ironica.

Mia povera madala
Mia madre sofferente, mia madre schiava!
Un tempo, delle voci addormentate sul pavimento.
Il sole sta ruggendo, oh madre!
Mio padre guarda verso i palmi delle mani
Senza pane.

CONTINENTE

Enxergo-te, mesmo distante,
Já sem lágrimas, de cabelos loiros,
Pejadas nessas cidades alheias,
Condenadas à solidão e à angústia.
Mãe dos negros, violentada.

Entrevejo nos seus olhos
O latinar das suas lágrimas
Devaneando no seu corpo
Mística de ruga e melanina.

Pai, pobre velho, de pele mirra
Como as cinzas do carvão.
De rosto cuspido, ironizado.

Meu pobre madala
Minha sofrida mãe, minha escrava mãe!
Outrora das vozes adormecidas no chão.
O sol vai rugindo, oh mãe!
Meu pai olha para as palmas
Sem pão.

LA BOCCA DELLA NOTTE

Hai dormito più di una roccia.
Alcuni semi appassiscono
E la terra li aveva usati come cibo
E come Letame per fertilizzare di più il dolore.

Tu hai dormito più del viaggio
La mia matrigna terra nera.

Mi hai rifiutato da bambino
Ecco il mio corpo, la mia carne
E la mia pelle

Senza riparo nelle mattinate,
Dormo schiacciato per le strade
Con il deserto nello stomaco
Osservando la luna

A BOCA DA NOITE

Já dormiste mais que uma rocha.
Algumas sementes murcham
E a terra as usara como alimento
E como estrume para fertilizar mais a dor.

Tu já dormiste mais que a viagem
Minha terra negra madrasta.

Repudiaste-me ainda criança
Eis aqui meu corpo, minha carne
E minha pele.

Sem amparo nas madrugadas,
Durmo exprimido nas ruas
Com o deserto no estômago
Enxergando a lua.

LE TUE LABBRA NERE

Le tue labbra nere Laurinha
Sono come quelle delle vecchie,
tremanti donne di strada
Sono le stesse della mia vergine Maria
Così ingenue, ma dolci come i piselli

Le tue labbra Laurinha
Sono vermi degli schiavi delle miniere
Oppresse ed elastiche come le
Pastiglie
Sono distinte dalle carnose
Da Maria, Joana e Teresinha

Le tue labbra nere Laurinha
Sono nere e mature
 Le avevo viste ancora così verdi
In grembo a tua madre Maria

Le tue labbra nere Laurinha
sono semi semantici
E gravide di saliva di disperazione,
Le tue labbra da ragazza.

SEUS LÁBIOS NEGROS

Seus lábios negros Laurinha
São que nem daquelas velhas,
Estremecidas vadias
São iguais as da minha virgem Maria
Tão ingénuas, mas doces como as ervilhas

Seus lábios Laurinha
São vermes das escravas das minas
Oprimidas e elásticas como as
Pastilhas
São distintas dos carnudos
Da Maria, da Joana, e de Teresinha

Seus lábios negros Laurinha
São negras e maduras
Que as enxerguei ainda tão verdinhas
Sobre o colo da sua mãe Maria

Seus lábios negros Laurinha
São sementes semânticas
E grávidas de salivas de desespero
Seus lábios menina.

LA RICHIESTA

Mi vesto dai tamburi del xigubo,
Dalla xigovia e dalla dolcezza di timbila,
Dalla pelle di nyau.
(e briciole di mapy)

Sono il ragazzo solitario del villaggio
Che si nutre dei resti della schiavitù.

Io sono il proiettile indirizzato in guerra
Per placare la sete e la fame,
Maledetti incantesimi e maledizioni
Che porti nella tua anima benedetta.

O CLAMOR

Visto-me dos tambores do xigubo,
Da xigovia e da doçura de timbila,
Da pele de nyau.
(e migalhas de mapira)

Sou o menino solitário da vila
Que se alimenta dos restos da escravidão.

Sou a bala endereçada na guerra
Para aniquilar a sede e a fome,
Feitiços e maldições malditas
Que os carrega na sua alma bendita.

IO SONO TUO FIGLIO, MADRE

Sto spazzando via i seni del tuo corpo nero
Nutrendomi con il latte delle tue lacrime,
Guardando attraverso i pori della tua pelle,
Ballando lo xigubo della mia terra.

Continuo ad essere tuo figlio
Il tuo amato, costretto al lavoro dalle macchine.

Non porta la mia età, la punta dei miei baffi
E il profumo della mia giovinezza.
(la pelle nera senza lasciare traccia)

SOU SEU FILHO, MÃE

Estou varrendo aos seios do seu corpo negro
Amamentando-me do leite das suas lágrimas,
Enxergando pelos poros da sua pele,
Dançando o xigubo da minha terra.

Continuo sendo sua criança
Seu amado, forçado ao trabalho das máquinas.

Não acarreta a minha idade, o jorrar dos meus bigodes
E o aroma da minha juventude.
(a pele negra sem vestígio)

MULATA

Mi sono stancato di esaurirmi in queste routine
Che odorano dell'isteria di questa moltitudine di
Ragazze.

MULATAS

Fartei-me, de esgotar nessas rotinas
Que cheiram a histeria dessas turvas
Meninas.

UN ALTRO PERCORSO

Non mi aggiro più tra i binari della ferrovia del
Treno.
Solo tra le terre dell'aboio.

OUTRA ROTA

Já não vagueio entre a linha férrea do
Comboio.
Só entre terras de aboio.

CON QUALE DI LORO RESTERESTI

Non lo so
Se voglio Maria,
Teresa o Joaninha.

Non lo so
Con quale di loro andrei.

Non posso scegliere ora
Se amare Maria,
Teresa o Joaninha.

Non so con quale di loro mi ingannerei.

COM QUAL DELAS REMANESCERIA

Não sei
Se quero a Maria,
A Teresa ou a Joaninha.

Não sei
Com qual delas, eu ficaria.

Não posso agora escolher,
Amar a Maria
A Teresa ou a Joaninha.

Não sei com qual delas me enganaria.

PRIGIONIERO DEL TUO GREMBO

Hai guardato senza vedermi,
Hai sentito senza ascoltarmi.
Sono nei viali nudi di
Filipe Samuel Magaia.

Vedo una donna con
Le resine di fiori di Gorongosa.
I suoi occhi da vedova!

Da lontano, mi alimento
Della tua tristezza.
Con i miei occhi da frecce
E zagaglie.

PRISIONEIRO DO SEU VENTRE

Olhaste sem me ver,
Escutaste sem me ouvir.
Estou nas avenidas nuas de
Filipe Samuel Magaia.

Vejo uma mulher com
As resinas flores de Gorongosa.
Seus olhos de viúva!

De longe, amamento-me
Da sua tristeza.
Com meus olhos de flechas
E azagaias.

LA VOCE DELLA LIBERAZIONE

Ascolta la voce della liberazione.
Le bocche di catrame,
L'attenzione della polvere.

Erede della sventura,
Perché tanta solitudine
Se porti il bianco e il nero
Originale?

A VOZ DA LIBERTAÇÃO

Oiçam a voz da libertação.
As bocas de alcatrão,
O desvelo do pó.

Herdeira da desgraça,
Porquê tanta solidão
Se tu carregas o branco e o preto
Original?

PIANGI AFRICA

Sono corpi coperti dalla terra
Innocenti sequestrati dalle acque,
Poveri mendicanti, ragazzi indifesi
Che trascorrono notti e albe
Senza che nessuno li aiuti
Schiavizzati dalle febbri del momento.

Piangi, continente nero!
Sono notti e perdite negli ospedali,
Sogni distruzioni in cima agli altari,
Violenza domestica
E bacchette di malvagità nel Save,
Guerre e richiamo alle armi a Muchungwe.
Il continente si degrada.

CHORA ÁFRICA

São corpos tampadas pela terra
Inocentes sequestrados pelas águas,
Pobres mendigos, meninos desamparados
Passando noites e madrugadas
Sem que ninguém os socorra
Escravizados pelas febres na hora.

Chora, continente negro!
São noites e perdas nos hospitais,
Sonhos destruídas no alto dos altares,
Violência doméstica
E hastes de maldade no Save,
Guerras e o chamar das armas em Muchungwe.
O continente degrada.

FORNO

Sono un guerriero vecchio e antico.
Non ho la pelle bianca e gialla.
Dalle sporche città, il mio corpo nero
È arrivato
Imbarcato su navi
Sulle fresche acque di Munguine
Fiumi e laghi inondati di sangue.
Dalle ambiziose terre del save
Il mio corpo nero è arrivato.

Sono un guerriero,
Vecchio e antico straniero
Messo incinta da queste strade fatue.
Vengo dall'altra parte della Cina,
A piedi nudi, incatenati agli archi sulla flas.

Sono un guerriero
E un povero indifeso
Che si addormenta nella lentezza del giorno.
Nutrendomi dei resti della xiguinha
E xima, non sono più questo povero ragazzo.

Sono un guerriero
E un vecchio mendicante perso
Che si lamenta per le briciole di
Mapira e mais.

Sono un fuggitivo delle onde dei laghi del Nilo
Rifugiato dell'Africa, Europa e Asia
Sono un guerriero
Ancora nel grembo materno
Ancora non ho visto il sole sorgere.

FORNALHA

Sou guerreiro velho e antigo.
A pele branca e amarelo não a tenho.
Das cidades imundas, meu negro corpo
Veio
Embarcado em navios
Sobre as águas doces de Munguine
Rios e lagos inundados de sangue.
Das terras ambiciosas do save
Meu negro corpo veio.

Sou guerreiro,
Velho e antigo estrangeiro
Engravidado por essas ruas vadias.
Venho de outro lado da China,
De pés nus, acorrentado em arcos nas flas.

Sou guerreiro
E pobre desamparado
Que adormece no relento do dia.
Alimentando me dos restos da xiguinha
e xima, não sou mais esse pobre menino.
Sou guerreiro
E velho alastrado mendigo
Que choramingo pelas migalhas de
Mapira e milho.

Sou fugitivo das ondas dos lagos de Nilo
Refugiado da África, Europa e Ásia
Sou guerreiro
Ainda no ventre da mãe
Ainda não enxerguei o sol a raiar.

VOGLIO DIRTI UNA PAROLA

Volevo dirti una parola.
Una parola creata da me,
Che non si sentiva da secoli;
Che col passare del tempo
Lasciasse il tuo viso lacerato dalla gioia
E il tuo corpo trasformato nei racconti di
Craveirinha.

Io volevo dirti una parola.
Una parola che ti ha intasato le orecchie.

Io volevo dirti una parola,
Ma non la dirò mai
Bene, mi sono ricordato che tu sei sordo
E io, un povero muto.

QUERIA DIZER-TE UMA PALAVRA

Eu queria dizer-te uma palavra.
Uma palavra só da minha autoria,
Que a séculos não ouvia;
Que ao andar do tempo
Deixasse seu rosto rasgado de alegria
E o seu corpo voltado nos contos de
Craveirinha.

Eu queria dizer-te uma palavra.
Uma palavra que entupisse seus ouvidos.

Eu queria dizer te uma palavra,
Mas jamais direi,
Pois, lembrei-me que tu és surdo
E eu, um pobre mudo.

LA FRASE

ATTO I
Porto al giudizio le
Ombre di disperazione
Incatenate nelle mie vene.
Porto i parassiti del mio destino,
Responsabili del bordello del tuo grembo.
Porto gli ormoni inibiti nel mio corpo
Il grido dello xigubo e le voci addormentate sul pavimento

ATTO II
Porto dentro sacchi di disperazione,
Resti delle miniere di carbone
Con segni scritti nelle
Mie spalle; fiumi di lacrime
Per imbarcare il sorriso stampato sul tuo viso.
Li porto caricati nelle foglie verdi della mia pelle.

ATTO III
Voglio la condanna
Dei tuoi occhi, questi
mandorle color gelsomino,
Queste notti insonni;
Questo faro che mi illumina.

A SENTENÇA

ATO I
Trago para o julgamento as
Sombras de desespero
Acorrentadas em minhas veias.
Trago as pestes vestes do meu destino,
Incumbidas no prostíbulo do seu ventre.
Trago as hormonas amortecidas em meu corpo
O clamar do xigubo e das vozes adormecidas no chão

ATO II
Trago em sacos de desespero,
Restos das minas de carvão
Com marcas escritas em
Meus ombros; rios de lágrimas
Para embarcar o sorriso preso no seu rosto.
Trago-os carregados em folhas verdes da minha pele.

ATO III
Quero a condenação
De teus olhos, essas
Amêndoas de cor de jasmim,
Essas noites de insónia;
Esse farol que me iluminava.

MADRE

I tuoi occhi simili
Appassiscono i semi egocentrici di
Speranze
Da dove provengono queste lacrime di vendetta?
Così silenziose,
Acide e morte
Le vedo vagare tra i ragazzi
Corteggiandoli
E seducendoli con i tuoi occhi
così vergini,
Muti e morti
Da dove provengono questi feticci da corvo?
Che non riesco a ripudiare
Mia madre
Vedo la tristezza esaurirsi
Dalle pupille dei tuoi occhi
Da dove viene questo dolore, o amore
Che non riesco mai a svelare?
Dimmi mamma!
Perché i miei sogni
Dormono sepolti
Come una miniera di carbone?
Dimmi mamma
Perché in ginocchio, devo implorare
Il tuo perdono
Rispondimi madre mia.

MÃE

Teus semblantes olhos
Murcham as sementes egocêntricas de
Esperanças
De onde vem essas lágrimas de vingança?
Tão silenciosas,
Acidas e mortas
Enxergo-as vagueando entre os rapazes
Ganguissando
E seduzindo-os com os seus olhos
Tão virgens,
Caladas e mortas
De onde vem esses corvos feitiços?
Que de mim não consigo repudiar
Minha mãe
Enxergo a tristeza esgotando
Sobre as pupilas do seu olhar
De onde vem essa dor, o amor
Que jamais não consigo desvendar?
Diz me mãe!
Porquê os meus sonhos,
Dormem sepultadas
Como uma mina de carvão?
Diz me mãe
Porquê de joelhos, tenho que implorar
Por seu perdão
Responda me mãe.

Il POVERO E IL RICCO

Il povero stanco
Sudava e piangeva
Si lamentava e si stancava
Sorrideva e si rattristiva
Lavorando nella stalla
Come una macchina consumata
E il ricco
Si riposava sulla sedia
Sorridente e indipendente
Con la penna a sfera, matita e carta
Silenziosamente dalla finestra lo
Controllava
Mentre il povero
Arduamente gocciolava di lacrime
Che scorrevano sulle sue braccia
Fino alla zappa
La terra lo imprigionava
Ma il ricco,
Nel suo ufficio
E sulla sua sedia girevole
Fino al tramonto
Lentamente scivolava
Mentre,
L'uomo povero si stancava
e lavorava
Finché un giorno, i suoi semi germogliarono.

O POBRE E O RICO

O pobre cansado
Suava e chorava
Lamentava e cansava
Sorria e entristecia
Trabalhando na machamba
Como uma máquina desgastada
E o rico
Repousado na cadeira
Sorridente e autónomo
Com a esferográfica, lápis e o papel
Silenciosamente da janela o
Espreitava
Enquanto o pobre
Arduamente pingava lágrimas
Que escorriam pelos seus braços
Ate a enxada
A terra o aprisionava
Mas o rico,
No seu escritório
E na sua cadeira rolante
Ate ao expor do sol
Lentamente deslizava
Enquanto,
O homem pobre cansava
E trabalhava
Ate que um dia, suas sementes germinaram.

VERGINE AFRICA

Oh mia vergine Africa
La mia matrigna terra nera
Tu non sei più mia madre Africa
Mi hai rifiutato da bambino
E oggi, ho versato lacrime di vendetta
Lacrime intrappolate nel dolore

Oh mia vergine Africa
Mia povera madre
Che dal giorno alla notte,
Mi hai negato il riparo
Ecco qui il mio corpo, la mia carne,
E la mia pelle, madre.

Cosa ne hai fatto della tua strada
Per intraprendere il senso dei tuoi peccati
Lasciandomi solo, strisciando nel mondo del
Putridume
Piangendo in ginocchio, implorando il tuo
Perdono
Gridando per la libertà, madre.

VIRGEM ÁFRICA

Ó minha virgem África
Minha terra negra madrasta
Tu já não és a minha mãe África
Repudiaste me ainda criança
E hoje, derramo lágrimas de vingança
Lágrimas prendidas na dor

Ó minha virgem África
Minha pobre mãe
Que de dia para noite,
Negaste me o amparo
Eis aqui meu corpo, minha carne,
E minha pele mãe

Que o fizeste da sua estrada
Para embarcares o sentido dos seus pecados
Deixando me a só, rastejar no mundo da
Podridão
Choramingando de joelhos, suplicando seu
Perdão
Clamando pela liberdade mãe.

RAGAZZO DEL MOZAMBICO

Oh ragazzo africano
Seme mozambicano
Con il volto solitario
Tremando di freddo intorno ai raggi del sole
Poverino! Vivendo senza un tetto nell'umido delle fogne
Nascondendo il tuo volto

Nelle notti urlando
"Porta via da me questi ostacoli"
Senza speranza negli occhi
Solo e disperato

Gridando il dolore incessante
Senza un tetto accogliente
Schiacciato dalle malattie subito
Prima che la mano amica ti aiuti
Senza sostegno durante le mattine
Dormi per strada
Con il deserto nello stomaco
Guardando la luna
Piangendo per dei pezzi di pane
Che quelli
Buttano per i cani selvatici
Piangi, urla e sogna Così forte mio angelo.

MENINO MOÇAMBICANO

Ó menino africano
Semente moçambicana
Com rosto solitário
Tremendo de frio em volta dos raios solares
Coitado! Vivendo sem lar no relento dos esgotos
Escondendo seu rosto

Nas noites gritando
"Afaste de mim esses escolhos"
Sem esperanças nos olhos
Sozinho e desesperado

Chorando a dor incessante
Sem um teto acolhedor
Esmagados pelas doenças na hora
Antes que a mão amiga a socorra
Sem amparo nas madrugadas
Dorme exprimido nas ruas
Com o deserto no estômago
Enxergando a lua
Chorando por pedaços de pães
Quais aqueles
Que jogam para selvagens de cães
Chora, grita e sonhas Tão alto meu anjo

IO SONO CARBONE MINERALE

Sono nero
Nero come carbone
Che arde così presto
Più del calore del catrame
Sono un pezzo strappato
Dai numeri della schiavitù
Con sogni suicidi,
Con fiamma del minerale
Io sono carbone
Demolito dai passi della folla
Dei miei sogni sono padrone
Che vennero stracciati come cartone
E mascherato dalle fiamme
Con la forza della mia combustione
Sono carbone di Moatize
Con la mia forza elettromotrice
Ti farò una specie di matrice
E non ti chiamerò mai capo
Anche piangendo nel vento,
Ti trasformerò in polvere di pietra
Sono carbone
Che mi vesti al mattino
Per riscaldare il tuo pasto preferito
Con la forza della mia tensione
Sono carbone. La pietra più dura tra la folla
Che viene dal minerale.

SOU CARVÃO DO MINERAL

Sou negro
Negro que carvão
Que arde tão cedo
Mais que o calor do alcatrão
Sou pedaço arrancado
Nas cifras da escravidão
Com sonhos suicidado,
Com chama do mineral
Eu sou carvão
Demolida com os passos da multidão
Meus sonhos patrão
Foram rasgados que nem o cartão
E disfarçados em chamas
Com o poder da minha combustão
Sou carvão de Moatize
Com a minha forca electromotriz
Farei de ti uma espécie de matriz
E nunca chamarei te de patrão
Mesmo chorando ao pé do vento,
Transfgurarei te num pó de pedra
Eu sou carvão
Que vestes me nas suas manhas
Para esquentar a sua favorita refeição
Com a forca da minha tensão
Eu sou carvão. Pedra mais rígida da multidão
Que vem do mineral.

VERDETTO

Mia madre
sul mio corpo
La tua gente parlava di miniere di ferro
Come se fossi la terra stessa
bagnato e violentato dai sassi
Sdraiato e cosparso di sabbia battuta

Possano queste mani instancabili,
gemere nell'orgasmo cercando di costruire
Di pietra in pietra sudando oceani di sangue.

SENTENÇA

Minha mãe
Sobre o meu corpo
Tua gente discorreu minas de ferro
Como se eu fosse a própria terra
molhada e estuprada de pedras
Deitada e entulhada de areia batida

Que estas mãos incansáveis,
gemeram de orgasmo tentando construir
De pedra em pedra transpirando oceanos sangue.

SE VUOI CONOSCERMI

Padre
se vuoi conoscermi
Rivela la mia nazione
fai le mie lacrime
fiumi e oceani
mari e laghi
Per imbarcare aridità
E il prospero dei tuoi desideri

Padre
Solo se vuoi conoscermi
svegliati presto
E non lasciare che il giorno sorga
corri dietro di me
Strappa via il dolore e la disperazione
viali e strade
E prendi le targhe del Museo
Perché, eri distante e alieno
E oggi è arrivata la solitudine in me

Padre
se vuoi conoscermi
Liberati dalle catene dell'ambizione,
Della vita ipocrita
Che sulle spalle porti con i tuoi passi
Dal vento, dalle linee dell'odio
Che negli occhi non ha ritorno

Padre
Solo se vuoi conoscermi
Rivestiti di pelle nera
di occhi castani
Carica i tamburi di legno
Lance e giavellotti
Per vincere l'odio e il disprezzo

Padre
se vuoi conoscermi
Non andare dai guaritori, né usare il mio
Nome
Le mie tracce, non seguire nemmeno
Sulle tracce dell'incantesimo erbe
Solo,
Svegliati e urla al mondo

Padre
Se vuoi ancora conoscermi
E ti manca il mio essere
Non cercarmi alla stazione di polizia, nell'officina
Sugli alberi o nei boschi
Liberati
E dì mia Africa.

SE TU QUERES ME CONHECER

Pai
Se tu queres me conhecer
Revela a minha nação
Faça das minhas lágrimas
Rios e oceanos
Mares e lagos
Para embarcares a sede
E os prósperos dos seus desejos

Pai
Só se tu queres me conhecer
Levanta ainda cedo
E não solte o dia amanhecer
Corra a minha trás
Rasga dores e desesperos
Avenidas e ruas
E apanhas chapas de Museu
Pois, andaste distante e alheio
E hoje, a solidão em mim adveio

Pai
Se tu queres me conhecer
Liberta te das correntes da ambição,
Da vida hipócrita
Que nos ombros carregas aos passos
Do vento, das linhas de ódio
Que nos olhos não tem de volta

Pai
Só se tu queres me conhecer
Revesti se da pele negra
Dos olhos castanhos
Carregas os tambores de madeira
Lanças e azagaias
Para vencermos o ódio e desprezo

Pai
Se tu queres me conhecer
Não vais aos curandeiros, nem use meu
Nome
Meus vestígios, nem sigam
Com os passos das ervas do feitiço
Somente,
Acorda e grita para o mundo

Pai
Se tu ainda queres me conhecer
E sentes a falta do meu ser
Não procure me na esquadra, na imprensa
Nas arvores nem nas matas
Liberta te
E diz minha África.

MEGLIO TARDI CHE MAI

Svegliamoci
Prima che il continente si trasformi
facciamo un patto
Prima che prendano la nostra Africa
E usurpino la nostra patria
Invasori delle nostre tombe
Ma continuiamo ad applaudire con
le palme
Sapendo che stanno soffrendo
le nostre anime
Svegliamoci perché tanta sofferenza
Africa piena di risorse.
Ma oggi,
Parti dal nostro percorso
Viviamo ancora al buio
mentre gli altri
Nella maglia dei cespugli
Prendono il controllo della nostra solitudine
Cessando la mano in tutto ciò che abbiamo
Appartiene
Al dolore che resta oggi

ANTES TARDE DO QUE NUNCA

Despertemos
Antes que o continente se transforme
Façamos um acordo
Antes que tomem a nossa África
E usurpem da nossa pátria
Invasores das nossas campas
Mas ainda aplaudimos com
as palmas
Sabendo que estão ferindo
as nossas almas
Despertemos porquê tanto sofrimento
África cheia de recursos.
Mas hoje,
Apartam se do nosso percurso
Ainda vivemos a escuridão
Enquanto os demais
Na malha dos arbustos
Apoderam se da nossa solidão
Cessando a mão em tudo que nos
Pertence
A dor que hoje mantém se

MAMMA AFRICA

Dimmi mamma
Perché devo piangere con gli occhi
E con le mie ginocchia implorare
Per un crimine che non ho commesso?

So di essere un figlio dell'Africa
Ma perché,
Devo vendere la mia carne
In cambio del tuo perdono
Dimmi mamma

MAMÃ ÁFRICA

Diz-me mãe
Porquê tenho que com os olhos chorar
E com os joelhos implorar
Por um crime que não cometi?

Sei que sou filho da África
Mas porquê,
Tenho que vender a minha carne
A troca do seu perdão
Diz-me mãe

SE IL NERO MUORE

Se il nero muore
Non sederti in grembo per lamentarti
Non piangere agli angoli degli altari
Non sprecare le tue sanguinanti lacrime di granito
Sorridi, ridi, finché la tua folla non ti esalta
Fino a quando la rugiada del giorno non si sveglia
E la tua terra dormiente inonda

Se il nero muore
Non mascherarlo con tristezza
Porta i *batuques* e i tamburi
Pubblicalo su giornali e riviste
Seduci l'impulso dell'Europa e dell'Asia per
Celebrare
Indossa gli abiti che mi erano rimasti
Lava i piedi, nelle mie scarpe strappate
cos'è rimasto
nel caso muoia il Moamba nero
non piangere, perché questo
sarà il tuo inizio
E la tua fine.

SE O NEGRO MORRER

Se o negro morrer
Não põe-se de colo a lamentar
Não chores pelos cantos dos altares
Nem percas suas lágrimas de granito a sangrar
Sorria, ria, até a multidão de ti exaltar
Ate o orvalho do dia acordar
E na sua terra dorminhoco inundar

Se o negro morrer
Não disfarça com a tristeza
Traga os batuques e tambores
Difunda pelos jornais e revistas
Seduza a ânsia da Europa e da Ásia para
Comemorar
Vesti os vestígios de mim que sobraram
Banhas seus pés, em meus sapatos rotos
que restaram
caso o negro Moamba morrer
não chore, porque este
será o seu inicio
E o seu fim.

BIOGRAFIA DELL'AUTORE

Ernesto Moamba, detto anche "Figlio d'Africa", è nato il 4 agosto 1994, in Mozambico, nella città di Maputo. Il tema della sua scrittura è segnato dal dolore, dalla disperazione e dalla sofferenza della sua dimenticata Madre Africa (secondo l'autore), un vero canto di lamento, un'ode all'Africa.
La sua opera letteraria è pubblicata in diverse reti mediatiche nazionali e internazionali, come Jornal Notícias, Domingo e Zambeze, in Mozambico.

È membro fondatore di AMCL (Accademia Mondiale di Cultura e Letteratura), occupando la Cattedra 21, con Patrono Cruz e Souza.
Finalista del Secondo Premio Letterario Varal del Comune di Divinopolitana de Letras, a Minas Gerais (BR), nel Genere Poesia Internazionale, al 1° posto.
Ha lanciato e pubblicato, per Editora do Carmo (Brasília, DF), il suo libro di poesie d'esordio, "Liberta-te, Mãe África".

Ha ricevuto il 3° posto al IV Concorso Internazionale di Prosa – Premio Machado de Assis 2017, organizzato dalla Confraria Cultural Brasil-Portugal (CCBP).
Ha lanciato e pubblicato, per Editora Folheando (Pará, BR), il libro per bambini "O Coelho Fugitivo: Entre a Esperteza e o Medo", e anche la 2a edizione di "Liberta-te, Mãe África".

Recentemente ha pubblicato, negli Stati Uniti, a New York, per Editora Underline Publishing, il libro "Free Yourself, Mother África", tradotto in inglese, e, in Colombia, per Editorial Torcaza, la traduzione in spagnolo di "Libérate, Madre Africa".

Attualmente ha tre Antologie Internazionali a cui partecipa come curatore/organizzatore: Anthology of Poetry Brazil-Mozambique (UESPI-NEPA, Marleide Lins); Antologia internazionale Mozambico in versi (Literarte Brasil, Izabelle Valladares) e Sentimentos Lusophones (Editora Porto Lenha, Ana Ferreira).

È membro del Circolo degli scrittori mozambicani nella diaspora – Sede centrale in Portogallo e Presidente del Centro municipale di Maputo dell'Accademia internazionale della cultura-Unione brasiliana. – Decorato in Brasile dall'OMDDH - Organizzazione mondiale dei difensori dei diritti umani con i titoli onorari: Ambasciatore di pace e Difensore dei diritti umani, Evidenziazione culturale e sociale internazionale e Titolo educativo 2020.

– Coordinatore e rappresentante in Mozambico di Writers Capital Foundation, Grecia (Curatore di Panorama – Festival Internazionale di Letteratura).

Su invito dell'Associação Progresso, partecipa al Workshop sulla produzione di libri per bambini (Pro-

getto: Better Education for Teacher Training and Empowerment for Results, finanziato dalla cooperazione canadese in collaborazione con MINED-Ministero della cultura e dello sviluppo e dell'uomo).
È Presidente e Membro Fondatore del Circolo Accademico di Lettere e Arti del Mozambico
(Sede - Maputo City).

E-mail: ernestoantonio427@gmail.com
Cellulare: (+258) 84 555 740 8

BIOGRAFIA DO AUTOR

Ernesto Moamba, também conhecido como "Filho da África", nasceu em 04 de agosto de 1994, em Moçambique, na Cidade de Maputo.

A temática de sua escrita é marcada pela dor, o desespero e o sofrimento de sua Mãe África esquecida (segundo o autor), um verdadeiro cântico de lamento, uma ode à África.

Seu trabalho literário encontra-se publicado em várias redes de comunicação social nacional e internacional, como o caso de Jornal Notícias, Domingo e Zambeze, em Moçambique.

É membro fundador da AMCL (Academia Mundial de Cultura e Literatura), ocupando a Cadeira 21, com o Patrono Cruz e Souza. Finalista do Prêmio Segundo Varal Literário da Câmara Municipal de Divinopolitana de Letras, em Minas Gerais (BR), no Gênero Poesia Internacional, em 1º lugar. Lançou e publicou, pela Editora do Carmo (Brasília, DF), seu livro de estreia de poesia, "Liberta-te, Mãe África".

Recebeu o 3º Lugar no IV Concurso Internacional de Prosa – Prêmio Machado de Assis 2017, organizado pela Confraria Cultural Brasil-Portugal (CCBP). Lançou e publicou, pela Editora Folheando (Pará, BR), o livro infanto-juvenil "O Coelho Fugitivo: Entre a Esperteza e o Medo", e ainda a 2ª edição de "Liberta-te, Mãe África".

Recentemente, publicou, nos Estados Unidos, em Nova York, por meio da Editora Underline Publishing, o livro "Free Yourself, Mother África", traduzido para o inglês e, na Colômbia, pela Editorial Torcaza, a tradução para o espanhol de "Libérate, Madre África". Atualmente, conta com três Antologias Internacionais de que participa como curador/organizador: *Antologia Poética Brasil-Moçambique* (UESPI-NEPA, Marleide Lins); *Antologia Internacional Moçambique em Versos* (Literarte Brasil, Izabelle Valladares) e *Sentimentos Lusófonos* (Editora Porto Lenha, Ana Ferreira).

É membro do Círculo dos Escritores Moçambicanos na Diáspora – Sede em Portugal e Presidente de Núcleo Municipal de Maputo da Academia Internacional da União Cultura-Brasil.

– Condecorado no Brasil pela OMDDH – Organização Mundial dos Defensores dos Direitos Humanos com os Títulos Honoríficos: Embaixador de Paz e Defensor dos Direitos Humanos, Destaque Internacional Cultural e Social e Titulo Educacional 2020.

– Coordenador e representante em Moçambique da Writers Capital Foudation, Grécia (Curador de Panorama - Festival Internacional de Literatura).

A convite da Associação Progresso participa do Workshop de produção de Livros Infantis (Projecto: Better Education for Teacher Training and Empowerment for Results, financiado pela cooperação Canadiana em parceria com o MINED-Ministério da Cultura e Desenvolvimento e Humano).

É Presidente e Membro Fundador do Círculo Acadêmico de Letras e Artes de Moçambique
(Sede - Cidade de Maputo).

E-mail: ernestoantonio427@gmail.com

Celular: (+258) 84 555 740 8

LA TRADUTTRICE

Simona Adivíncula nasce a Salvador de Bahia, Brasile, naturalizzata italiana vive a Milano con il marito e la figlia.

Scrittrice, romanziera, poetessa, giornalista freelance è membro dell'Accademia della Cultura della sua città d'origine.

Molto conosciuta ed apprezzata, scrive da 23 anni e ha ben 13 libri pubblicati in diversa lingua.

È responsabile del gruppo degli "Escritores Brasileiros na Itália".

È rappresentante della Edizioni We in Brasile!

A TRADUTORA

Simona Adivíncula nasceu em Salvador de Bahia - Brasil, naturalizada italiana mora em Milão com o marido e a filha.

Escritora, romancista, poeta, jornalista freelance é membro da Academia da Cultura de sua cidade natal.

Muito conhecida e apreciada, ela escreve há 23 anos e tem bem 13 livros publicados em diferen\tes idiomas.

Ela é a responsável do grupo "Escritores Brasileiros na Itália".

É a representante da Edizioni We no Brasile.

RINGRAZIAMENTI – AGRADECIMENTOS

Cicero G. de Sena Neto,
Luiz Eudes,
Luiz Amato,
Sandra Lucia,
Vlademir Queiroz,
Antonio Cardoso,
Adroaldo Almeida
Tonho Do Paiaia
Liz Matos
Leonilde Pedro Uetimane
Simona Adivíncula,
Nicola Bergamaschi.

GLOSSARIO
CHANGANA e ALTRE ESPRESSIONI

GLOSSÁRIO –
CHANGANA e OUTRAS EXPRESSÕES

1 **Cacana e Nhamgana** – verdure, piatti della cucina mozambicana. *Verdura, pratos da gastronomia moçambicana.*

2 **Muchungue** – Posto amministrativo, situato nella provincia di Sofala. *Posto Administrativo, localizado na Província de Sofala.*

3 **Ntururos** – Una barca tradizionale o una canoa. *Um barco ou canoa tradicional.*

4 **Mulhezanas** – donna che ha appena partorito o che sta allattando. *Mulher que acabe de dar parto ou que está amamentar.*

5 **Txova** – un carrello fatto a mano, una specie di carro. *Carinho de mão, espécie de uma carroça.*

6 **Swidjumbas** – carico, bagaglio o pacco. *carga, bagagem ou trouxa.*

7 **Xigubo** – tamburo. *Batuque ou Tambor.*

8 **Karinganas e Swithocozelos** – racconti o favole. *contos ou fábulas*

9 **Cocuanas** – bisnonni. *bisavôs.*

10 **Xiquento** – primo pasto della giornata o il resto del cibo del giorno prima riscaldato al mattino. *Primeira refeição do dia ou resto da comida do dia anterior aquecida de manhã.*

11 **Xima** – Piatto a base di farina di mais. *Prato feita na base da farinha de milho.*

12 **Swimbitana** – pentola di terra cotta. *Panela feita de barro.*

13 **Matekenha** – pulci/ pulgas.

14 **Xiphefo** – Lampada tradizionale a olio *Candeeiro tradicional que funciona na base de petróleo.*

15 **Tumbeleluana** – Gioco per bambini nascondino / Esconde-esconde.

16 **Xinguere-nguere** – ruota della bicicletta che i bambini usano come giocattolo. *Janta da bicicleta que as crianças usam como brinquedo.*

17 **Xingufo** – Palla fatta di stracci e plastica inutilizzati. *Bola feita de trapos e plásticos inutilizados.*

18 **Xitenda e timbila** – strumenti musicali di alcune zone del Mozambico. *Instrumentos musicais de algumas zonas de Moçambique.*

19 **Mbondzela** – soprannome o nome. Apelido ou Nome.

20 **Macuas** – espressione per designare donne della zona centrale e parlanti di questa lingua madre. Conosciuto per la bellezza del suo corpo, abitudini e costumi. *Expressão para designar mulheres da zona centro e falante desta língua materna. Conhecida pela sua beleza corporal, hábitos e costumes.*

21 **Marrabenta** – danza tradizionale del Mozambico meridionale. Dança tradicional da zona Sul de Moçambique.

22 **Mukulunguanas** – sono grida di felicità che le donne fanno quando sono a una festa, di solito quando ricevono gli sposi ai matrimoni. *são gritos de felicidade que as mulheres fazem quando estão em festa, geralmente fazem quando recebem os noivos em casamentos.*

23 **Mamanas** – madri. *Mães.*

24 **Makwaela** e **xitchuketa, nyau** – balli tradizionali/ danças tradicionais.

25 **Thandelas** – pezzo di tessuto di stoffa che indossano le donne locali. *Pequeno tecido de pano que veste as mulheres locais.*

26 **Karingana ua karingana** – Storia. *Historia*

27 **Gala-gala** – Tijubina.

28 **Madala** – nonno - *Avó.*

29 **Xigovia, Timbila** – Strumenti musicali mozambicani. *Instrumentos musicais de Moçambique.*

30 **Gorongosa** – posto amministrativo/ *Posto administrativo.*

31 **Munguine** – Distretto di Manhiça/ *Localidade do Distrito da Manhiça*

32 **Xiguinha** – Piatto tradizionale mozambicano/ Prato tradicional moçambicano.

33 **Mapira** – Cereali/ *Cereais.*

34 **Ganguissando** – Vincita/ *Conquistar.*

35 **Moatize** – Luogo in cui si trova la compagnia mineraria mozambicana. *Localidade onde esta situada a mineira moçambicana.*

36 **Capulana** – Tessuto di stoffa. Un simbolismo della cultura africana. *Tecido de pano. Um simbolismo da cultura africana.*